KB274576

행복플러스+

일러두기

이 묵상집을 가정예배나 새벽기도나 목장나눔이나 기타모임에서 사용할 때는 상황에 따라 다음과 같은 순서들을 좀 더 넣어 선용할 수 있다.

■ 침묵(silencio)

하루의 일과 중 거룩한 독서에 집중할 시간과 장소를 구별한다. 몸과 마음을 고요하게 하며, 침묵 가운데 하나님의 현존을 의식한다. 성령님께 나의 마음과 눈을 열어주셔서, 말씀을 이해하고, 말씀 너머의 하나님을 만날 수 있는 은총을 베풀어 주시라고 청한다. "제 마음의 눈을 열어 주시어 주님의 뜻을 알아듣고 실천하게 하옵소서. 주님의 빛으로 제 눈을 비추어 주옵소서"(요한 크리소스토무스). "나의 영혼아 잠잠히 하나님만 바라라 무릇 나의 소망이 그로부터 나오는도다"(시 62:5).

■ 신앙고백

"나는 전능하신 아버지 하나님, 천지의 창조주를 믿습니다. 나는 그의 유일하신 아들, 우리 주 예수 그리스도를 믿습니다. 그는 성령으로 잉태되어 동정녀 마리아에게서 나시고, 본디오 빌라도에게 고난을 받아 십자가에 못 박혀 죽으시고, 장사된 지 사흘 만에 죽은 자 가운데서 다시 살아나셨으며, 하늘에 오르시어 전능하신 아버지 하나님 우편에 앉아 계시다가, 거기로부터 살아 있는 자와 죽은 자를 심판하러 오십니다. 나는 성령을 믿으며, 거룩한 공교회와 성도의 교제와 죄를 용서받는 것과 몸의 부활과 영생을 믿습니다. 아멘."

■ 찬송

교회력이나 상황에 알맞은 찬송을 부른다. 시편으로 된 노래를 골라 부르거나, 떼제노래 같은 짧은 노래를 반복해서 몇 번 부를 수도 있다.

■ 거룩한 독서(lectio)

바쁜 현대인들이 하루에 너무 많은 성경을 읽는 것을 부담스러워하기도 하고 욕심부려 몇 장씩 읽어도 그리 깊이 들어오지 않는다. 말씀을 하나하나 잘 씹어먹는 것이 중요하다. 본문을 통하여 살아계신 주님이 나에게 직접 말씀하신다는 마음가짐으로, 본문을 주의깊게, 천천히, 가능하면 소리내어 2-3번 반복해서 읽는다. 성경말씀을 읽을 때 온 몸, 전 존재로 말씀을 읽는다. 본문의 전체적인 맥락을 잡으며, 본문이 말씀하시는 바를 이해한다. "여호와여 말씀하옵소서 주의 종이 듣겠나이다"(삼상 3:9).

■ 샘솟는 말씀

위의 거룩한 독서 가운데 만나는, 빛을 비추어주는, 울림을 미묘하게 일으키는, 마음에 와닿는, 짧은 단어나 구절이나 주제 등이 있으면, 잠시 그 말씀에 머문다. "주님은, 골짜기마다 샘물이 솟아나게 하시어, 산과 산 사이로 흐르게 하시니"(시 104:10, 새번역). "너는 네 우물의 물을 마시고, 네 샘에서 솟아나는 물을 마셔라"(잠 5:15, 새번역). "명철한 사람의 입의 말은 깊은 물과 같고 지혜의 샘은 솟구쳐 흐르는 내와 같으니라"(잠 18:4).

■ 묵상(meditatio)

위의 거룩한 독서와 관련하여, 삶의 현장에서 건져올린 생생한 이야기를 묵상자료로 소개하였다. "마리아는 이 모든 말을 마음에 새기어 생각하니라"(눅 2:19). "이삭이 저물 때에 들에 나가 묵상하다가 눈을 들어 보매 낙타들이 오는지라"(창 24:63). "이 율법책을 네 입에서 떠나지 말게 하며 주야로 그것을 묵상하여 그 안에 기록된 대로 다 지켜 행하라 그리하면 네 길이 평탄하게 될 것이며 네가 형통하리라"(수 1:8). "오직 여호와의 율법을 즐거워하여 그의 율법을 주야로 묵상하는도다"(시 1:2). "나의 반석이시요 나의 구속자이신 여호와여 내 입의 말과 마음의 묵상이 주님 앞에 열납되기를 원하나이다"(시 19:14).

■ 삼시세끼 다니엘 기도(oratio)

“다니엘이...하루 세 번씩 무릎을 꿇고 기도하며 그의 하나님께 감사하였더라”(단 6:10). 다니엘처럼 하루 세 번 시간을 정하여 묵상 가운데 흘러나오는 기도를 조용히 드린다. 우리 전통과 삶의 리듬을 고려하여 새벽기도, 한낮기도, 저녁기도 등 삼시세끼 밥을 챙겨먹듯이 하나님과 기도의 시간을 갖는 것이 영성생활에 거룩한 습관이 되어야 한다. 거룩한 독서와 묵상 과정에서 자연스럽게 솟아오르는 기도가 있기 마련이다. 그 흐름을 타고 자연스럽게 기도에 들어간다. 무엇보다도 연약하고 죄 많은 자신에게 찾아오시는 생명의 말씀, 주님의 은총 앞에 경외와 감사와 찬양의 기도를 드린다. 또한 더욱 주님을 깊이 알고 사랑하고자 하는 갈망으로 간구와 중보의 기도를 드린다.

■ 주의 기도

“하늘에 계신 우리 아버지, 아버지의 이름을 거룩하게 하시며 아버지의 나라가 오게 하시며, 아버지의 뜻이 하늘에서와 같이 땅에서도 이루어지게 하소서. 오늘 우리에게 일용할 양식을 주시고, 우리가 우리에게 잘못한 사람을 용서하여 준 것 같이 우리 죄를 용서하여 주시고, 우리를 시험에 빠지지 않게 하시고 악에서 구하소서. 나라와 권능과 영광이 영원히 아버지의 것입니다. 아멘.”(마 6:9-13).

■ 하나님 안에 고요히 머무름(contemplatio)

묵상과 기도의 흐름 가운데 불현듯 주어지는 고요와 평안의 선물이 있다. 이제 생각과 기도마저도 멈추고, 그저 지극한 사랑의 눈길로 주님의 아름다우심을 바라보며, 그분 안에서 자유롭고 편안하게 쉼을 누린다. 엄마 품에 안긴 아기처럼 하나님께서 펼치시는 드넓은 은총의 품 안에 고요히 머무른다. “실로 내가 내 영혼으로 고요하고 평온하게 하기를 젖 뗀 아이가 그의 어머니 품에 있음 같게 하였나니 내 영혼이 젖 뗀 아이와 같도다”(시 131:2).

■ **좋은 하루 만들기(incarnatio)**

오늘 하루를 좋은 하루를 만들기 위하여 내가 해야 할 일이 무엇일까 생각해보고 떠오르는 것들을 미리 적어둔다. 예컨대, 생일을 맞은 사람에게 전화하기, 자녀와 대화하기, 배우자와 산책하기, 아파하는 분에게 찾아가보기 등이 있을 수 있다. "내가 오늘 네 행복을 위하여 네게 명하는 여호와의 명령과 규례를 지킬 것이 아니냐"(신 10:13)

■ **감감감 감사일기**

감사가 사라지고 있는 이 시대, 감감감(그래서 감사, 그래도 감사, 무조건 감사) 형태로 감사일기를 쓰면서, 하루에 3가지씩 감사가 날마다 생활화될 수 있도록 하는 것도 매우 의미 있을 것이다. 하루를 돌아보는 동안에 떠오르는 느낌들을 바라본다. 긍정적이거나 부정적인 감정들 중 하나를 택하여 기도한다. 조명을 구하는 기도를 드리며 내일을 바라본다. 그러고 나서 나의 의식을 성찰하며 영적인 일기를 쓴다. "낮에는 여호와께서 그의 인자하심을 베푸시고 밤에는 그의 찬송이 내게 있어 생명의 하나님께 기도하리로다"(시 42:8). 주님의 현존 앞에서 나의 내면세계에서 들려오는 세미한 음성에 귀를 기울이며 내 영혼의 의식을 성찰한다. 하루의 마지막까지 하나님께만 집중하기 위해서 기도문 형태로 감감감 감사일기를 쓸 수도 있다.

지금 행복하십니까?

■ 묵상

지금 하버드대학교에서 가장 인기 있는 강좌가 바로 행복학입니다. 행복하지 않다면 다 소용 없기 때문입니다. 그렇다면 여러분은 지금 행복하십니까? 언젠가, 모 방송국에서 <한국인의 행복지수>를 보도했는데, 100점 만점에 59점. 143개국 가운데 118위. <한국인의 마음온도>는 영하 14도. 마음이 춥습니다. 마음이 꽁꽁 얼어 붙어있습니다. 왜 우리 현대인이 이렇게 행복하지 않을까요? 무엇이 우리의 행복을 앗아가고 있는 걸까요? 그것은 바로 참 행복의 근원이신 예수 그리스도를 놓치고 있기 때문입니다.

좋은 하루 만들기

"이스라엘이여 너는 행복한 사람이로다
여호와의 구원을 너 같이 얻은 백성이 누구냐
그는 너를 돕는 방패시요 네 영광의 칼이시로다
네 대적이 네게 복종하리니 네가 그들의 높은 곳을 밟으리로다"
〈신 33:29〉

감감감
감사일기

그래서 감사 · 그래도 감사 · 무조건 감사

행복은 장수가 아닙니다!

■ 묵상

보건복지부가 OECD보건통계를 발표했습니다. 2018년 주요지표별 현황을 분석한 결과, 우리나라 기대수명은 82.4년으로 OECD평균보다 1.6년 길었습니다. 학자들은 앞으로 기대수명이 더 길어져서 120세까지 살 수 있다고 보고 있습니다. 영국의 어떤 학자는 인간의 게놈지도 하나만 해결하면 142세까지 살 수 있다고 말합니다. 한양대 과학기술정책학과 김창경 교수는 재수 없으면 200살까지 산다고 말합니다. 그런데 그것이 과연 행복일까요? 전도서 6:6. 그가 비록 천 년의 갑절을 산다 할지라도 행복을 보지 못하면 마침내 다 한 곳으로 돌아가는 것뿐이 아니냐. 정말 맞는 말씀 아닙니까? 천 년의 갑절을 산다 할지라도 예수님 안에서 행복하지 못하다면 무슨 소용이 있겠습니까?

좋은 하루 만들기

"그가 비록 천 년의 갑절을 산다 할지라도
행복을 보지 못하면 마침내
다 한 곳으로 돌아가는 것뿐이 아니냐"
〈전 6:6〉

그래서 감사 · 그래도 감사 · 무조건 감사

행복은 연봉이 아닙니다!

■ 묵상

연봉을 어느 정도 받아야 행복할까요? 행복학자들에 따르면, 월 400만 원 선에서 행복의 포물선은 더 이상 올라가지 않습니다. 2010년 1월, 컨버런스 보도에 따르면, 미국의 직장인들 가운데 45%만 업무에 행복을 느끼는 것으로 나타났습니다. 이는 지난 22년 동안 조사가 실시된 이래 가장 낮은 수치입니다. 우리나라에서도 얼마 전 삼성경제연구소가 직장인 849명을 대상으로 조사한 결과, 한국 직장인의 행복도는 55점인 것으로 나타났습니다. 삼성처럼 최고 엘리트들이 들어가서 최고의 제품을 만들어 내면서 최고의 연봉을 받는데, 왜 행복하지 않을까요? 삼성 직장인들이 행복하지 않다면, 누가 행복하다는 말인가요? 행복은 결코 연봉이 아닙니다. 행복은 예수 그리스도입니다.

좋은 하루 만들기

"어떤 사람은 아들도 없고 형제도 없이 홀로 있으나
그의 모든 수고에는 끝이 없도다 또 비록 그의 눈은 부요를 족하게
여기지 아니하면서 이르기를 내가 누구를 위하여는 이같이 수고하고
나를 위하여는 행복을 누리지 못하게 하는가 하여도
이것도 헛되어 불행한 노고로다"
〈전 4:8〉

그래서 감사 · 그래도 감사 · 무조건 감사

# 행복은 1등이 아닙니다!

■ 묵상

세계 최첨단 교육시설, 세계최고 교수진, 세계에서 가장 똑똑한 천재들. 하버드대학교 모습입니다. 그런데 이상하게도 우울하고 불행한 젊은이들이 많습니다. 하버드에 입학해서 자부심을 느끼는 건 잠시, 학기 중에 우울증을 토로하는 학생들이 5명 가운데 4명이나 됩니다. 그 가운데 절반은 심각한 우울증입니다. 그들은 말합니다. 어마어마한 과제물, 무지막지한 스트레스, 피말리는 경쟁. 내가 하버드라고 들어왔는데 전혀 행복하지 않다. 그들이 그렇게 말한다면, 아니 하버드 다니는 학생들이 행복하지 않다면, 세상에 누가 행복하다는 말인가요? 행복은 1등이 아닙니다. 행복은 예수 그리스도입니다.

좋은 하루 만들기

"내가 다시 해 아래에서 보니 빠른 경주자들이라고
선착하는 것이 아니며 용사들이라고 전쟁에 승리하는 것이 아니며
지혜자들이라고 음식물을 얻는 것도 아니며 명철자들이라고
재물을 얻는 것도 아니며 지식인들이라고 은총을 입는 것이 아니니
이는 시기와 기회는 그들 모두에게 임함이니라"
〈전 9:11〉

그래서 감사 · 그래도 감사 · 무조건 감사

찾아가는 행복플러스!

■ 묵상

군목으로 섬길 때, 체감온도 -53도까지 내려가는 강원도 인제군 최전방, 일명 5,000계단 꼭대기를 밧줄을 잡고 찾아간 적이 있습니다. 이름하여 찾아가는 행복플러스. 63빌딩 4개 높이. 그 외로운 눈망울들. 근데 막내병사가 한 선임을 찾아가더니 감사편지를 읽는 것이었습니다. 5,000계단 꼭대기로 전입 온 날, 이제 모든 희망의 문은 닫혀 버렸다고 생각했다는 것. 엎친 데 덮친 격, 40도 고열, 밤새 끙끙 앓고 있는데, 누군가 머리맡에 사제 약을 놓고 간 것. 그 약을 먹고 살아났다는 것. 제대로 감사표현을 못했다며 둘이가 부둥켜안고 우는데 저도, 동료들도, 소대장도 다 눈시울을 붉혔습니다. 원망이 나올 수밖에 없는 곳, 5,000계단 꼭대기, 거기서 드리는 감사의 고백. 행복의 비밀코드는 바로 그것 아닐까요?

좋은 하루 만들기

“그러므로 너희는 가서 모든 민족을 제자로 삼아
아버지와 아들과 성령의 이름으로 세례를 베풀고
내가 너희에게 분부한 모든 것을 가르쳐 지키게 하라
볼지어다 내가 세상 끝날까지 너희와 항상 함께 있으리라 하시니라”
〈마 28:19-20〉

감감감
감사일기

그래서 감사 · 그래도 감사 · 무조건 감사

6 Thank와 Think

■ 묵상

한 신발회사에서 사업확장을 위하여 아프리카로 두 명을 파견했습니다. 그런데 보내온 보고서가 너무 달랐습니다. 한 명은 말했습니다. 여기는 모두 맨발로 살기 때문에 사업확장의 가능성이 전혀 없습니다. 다른 한 명은 정반대였습니다. 여기는 아직 아무도 신발구경을 못했으니 사업확장의 가능성이 무궁무진합니다. 그것은 생각의 차이였습니다. 감사하다는 뜻의 Thank와 생각하다는 뜻의 Think가 어근이 같습니다. 무슨 의미이겠습니까? 감사는 생각에서 비롯된다는 것입니다. 똑같은 환경에서도 모든 일을 희망적으로 Think 생각하면, Thank 감사할 일이 진짜로 생긴다는 것입니다. 감사할 것인가, 원망할 것인가, 그것은 한끝 차이입니다. 감사는 생각하기 나름입니다. 행복도 생각하기 나름입니다.

좋은 하루 만들기

"또 무엇을 하든지 말에나 일에나
다 주 예수의 이름으로 하고
그를 힘입어
하나님 아버지께 감사하라"
〈골 3:17〉

감감감
감사일기

그래서 감사 · 그래도 감사 · 무조건 감사

7 별빛 보고 감사하면 달빛 같은 은혜 주신다!

■ **묵상**

터키에 사도 바울 성지순례를 갔는데 가는 곳마다 아이들이 1달라, 1달라, 하면서 구걸하는 것을 보았습니다. 우리는 지금 얼마나 풍요롭습니까? 400만 톤의 음식만 있으면, 북한 주민 전체를 먹여 살릴 수 있는데, 우리는 지금 470만 톤의 음식을 쓰레기로 버리고 있으니, 지금 얼마나 배부릅니까? 아프리카에서는 한 해에 100만 명의 아이들이 말라리아로 죽어 가는데, 우리나라는 전 세계 70억 인구 가운데 최상층 10억 명에 속하니, 지금 얼마나 부유합니까? 베트남에 갔더니 관광객의 60%가 한국 사람이었습니다. 지금 얼마나 위상이 높아졌습니까? 그러니 우리 불평을 멈추고 작은 것부터 감사합시다. 별빛 보고 감사하면 달빛 같은 은혜를 주실 것입니다. 달빛 보고 감사하면 햇빛 같은 은혜를 주실 것입니다.

좋은 하루 만들기

"달과 별들로 밤을 주관하게 하신 이에게 감사하라
그 인자하심이 영원함이로다"
〈시 136:9〉

감감감
감사일기

그래서 감사 · 그래도 감사 · 무조건 감사

행복은 감사의 문으로 들어와 원망의 문으로 나간다!

■ 묵상

출애굽 과정에서 사람들은 끊임없이 원망합니다. 감사할 줄 모릅니다. 먼저 홍해를 앞두고 원망합니다. 그 다음 마라에서는 쓴물 때문에 원망합니다. 그 다음 엘림에서는 먹을 것이 없다고 원망합니다. 그 다음 르비딤에서는 또 마실 물이 없다고 원망합니다. 원망하는 사람들. 원망이 습관이 되어 있습니다. 이스라엘 백성들은 이렇게 인생 전체를 원망만 하다가 죽었습니다. 젖과 꿀이 흐르는 땅을 눈앞에 두고도 그 땅에 들어가지 못했습니다. 그 이유는 단 하나, 원망 때문이었습니다. 여러분은 어떻습니까? 그렇습니다. 우리 이렇게 외쳐봅시다. 행복은 감사의 문으로 들어와 원망의 문으로 나간다.

좋은 하루 만들기

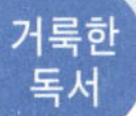

"이스라엘 자손의 온 회중이 여호와의 명령대로 신 광야에서 떠나 그 노정대로 행하여 르비딤에 장막을 쳤으나 백성이 마실 물이 없는지라 백성이 모세와 다투어 이르되 우리에게 물을 주어 마시게 하라 모세가 그들에게 이르되 너희가 어찌하여 나와 다투느냐 너희가 어찌하여 여호와를 시험하느냐 거기서 백성이 목이 말라 물을 찾으매 그들이 모세에게 대하여 원망하여 이르되 당신이 어찌하여 우리를 애굽에서 인도해 내어서 우리와 우리 자녀와 우리 가축이 목말라 죽게 하느냐"

〈출 17:1-3〉

그래서 감사 · 그래도 감사 · 무조건 감사

표현되지 않은 감사는 감사가 아닙니다!

■ 묵상

예수님이 열 명을 고쳐주셨는데 한 명만 돌아와서 감사하다고 표현했습니다. 그것도 유대인들이 종교혼합주의자라고 손가락질하던 사마리아 사람. 나머지 아홉은 어디 갔느냐? 바로 저와 여러분에게 하시는 질문 아닌가요? 오래 믿은 게 탈입니다. 매너리즘. 순수함이 사라진지 오래. 모든 것을 삐딱하게 바라보는 나. 액면 그대로 믿지 못하는 나. 하여, 초신자보다 못합니다. 은혜를 잃어버렸습니다. 십자가를 잃어버렸습니다. 기쁨을 잃어버렸습니다. 웃음을 잃어버렸습니다. 그래서 지금 떨림이 없습니다. 감격이 없습니다. 감동이 없습니다. 감탄이 없습니다. 무엇보다, 감사가 없습니다. 주님은 표현 안 해도 아신다구요? 아뇨! 표현해야 아십니다. 아니, 표현 받고 싶어 하십니다. 행복은 주님께 감사를 표현해 드리는 것입니다. 표현되지 않은 감사는 감사가 아닙니다.

좋은 하루 만들기

"예수께서 대답하여 이르시되
열 사람이 다 깨끗함을 받지 아니하였느냐
그 아홉은 어디 있느냐"
〈눅 17:17〉

감감감
감사일기

그래서 감사 · 그래도 감사 · 무조건 감사

그래서 감사, 그래도 감사, 무조건 감사

■ 묵상

어젯밤 중학교 다니는 아이가 반항을 했다면, 그건 내 아이가 거리에서 방황하지 않고 집에 잘 있다는 것이기에, 주님, 감사합니다. 내야 할 세금이 있다면, 그건 내게 직장이 있다는 것이기에, 주님, 감사합니다. 옷이 몸에 좀 낀다면, 그건 내가 잘 먹고 있다는 것이기에, 주님, 감사합니다. 난방비가 너무 많이 나왔다면, 그건 내가 따뜻하게 살고 있다는 것이기에, 주님, 감사합니다. 온 몸이 뻐근하고 피곤하다면, 그건 내가 열심히 일했다는 것이기에, 주님, 감사합니다. 아내가 바가지를 긁어댄다면, 그건 내 아내가 아직은 바가지 긁을 힘이라도 있다는 것이기에, 주님, 감사합니다. 이른 새벽 시끄러운 자명종 소리에 깼다면, 그건 내가 아직 살아 있다는 것이기에, 주님, 감사합니다. 마음속에 나도 모르게 일궈진 불평과 불만, 미움과 증오, 그것도 바꾸어 생각하면 이 또한 감사한 일이기에, 주님, 감사합니다.

좋은 하루 만들기

"범사에 감사하라
이것이 그리스도 예수 안에서
너희를 향하신 하나님의 뜻이니라"
〈살전 5:18〉

그래서 감사 · 그래도 감사 · 무조건 감사

몰입의 기쁨

■ 묵상

세계적인 발레리나 강수진은 하루 18시간 연습에 몰입했다고 합니다. 하루 18시간! 그녀는 그 몰입의 시간들이 어떻게 지나갔는지 세본 적이 없다고 합니다. 하다보면, 어느새 그렇게 시간이 지나버렸다는 것입니다. 흔히, 체조선수가 공과 자신이 물아일체가 되어 움직일 때, 예술가가 미적 황홀경에 푹 빠져 있을 때, 무언가에 몰입되어 있다, 그런 말을 쓰지요. 저도 어젯밤 설교준비에 몰입하다 보니 새벽 4시 반이 되어 있었습니다. 시간가는 줄 몰랐습니다. 푹 빠져 있었습니다. 중학교 때 처음 방언받던 날, 데굴데굴 구르며 눈물범벅 콧물범벅, 정신을 차리니 어느새 동이 터오고 있었습니다. 그때 그 상큼한 공기, 마치 하늘을 나는 것 같았습니다. 숲속의 새들이 모두 나를 보고 인사하는 것같았습니다. 그 몰입의 시간들이 너무너무 행복했습니다. 그렇습니다. 행복의 비밀코드는 바로 몰입입니다. 여러분은 지금 크리스천으로서 무엇에 몰입하고 계십니까?

좋은 하루 만들기

"우리는 오로지
기도하는 일과 말씀 사역에
힘쓰리라 하니"
〈행 6:4〉

감감감
감사일기

그래서 감사 · 그래도 감사 · 무조건 감사

여호수아 성을 쳤네 여리고!

■ 묵상

여호수아 성을 쳤네 여리고 나팔소리에 무너졌네. 우리는 흔히 이렇게 찬양을 해왔는데, 더 정확히 말하자면 나팔소리에 무너진 게 아니라, 백성들의 순간적인 함성, 와 그 한마디에 무너져 버린 것입니다. 10미터 높이의 이중벽. 외벽은 폭이 2미터, 내벽은 폭이 4미터. 성벽은 진흙벽돌로 지어졌는데, 두께가 10센티미터, 길이가 60센티미터. 그런데 어떻게 일시에 무너져 버렸을까요? 어떤 이들은 와 함성을 질렀을 때, 고유 주파수끼리 딱 맞아떨어져서 순간 무너져 버린 게 아닌가 과학적인 상상력을 발휘하기도 합니다. 매일 한 바퀴, 일곱째날 일곱 바퀴, 마지막 와 함성, 마침내 무너져 버린 거대한 여리고 성, 그것은 선명한 목표를 세우고 강력하게 몰아붙인 몰입의 힘이었습니다. 여러분에게도 지금 이렇게 몰입할 수 있는 선명한 목표가 있습니까? 행복의 비밀코드는 바로 거기에 있습니다.

좋은 하루 만들기

"이스라엘 자손들로 말미암아 여리고는 굳게 닫혔고 출입하는 자가 없더라 여호와께서 여호수아에게 이르시되 보라 내가 여리고와 그 왕과 용사들을 네 손에 넘겨 주었으니 너희 모든 군사는 그 성을 둘러 성 주위를 매일 한 번씩 돌되 엿새 동안을 그리하라 제사장 일곱은 일곱 양각 나팔을 잡고 언약궤 앞에서 나아갈 것이요 일곱째 날에는 그 성을 일곱 번 돌며 그 제사장들은 나팔을 불 것이며 제사장들이 양각 나팔을 길게 불어 그 나팔 소리가 너희에게 들릴 때에는 백성은 다 큰 소리로 외쳐 부를 것이라 그리하면 그 성벽이 무너져 내리리니 백성은 각기 앞으로 올라갈지니라 하시매"

〈수 6:1-5〉

감감감
감사일기

그래서 감사 · 그래도 감사 · 무조건 감사

딸아, 네 믿음이 너를 구원하였다!

■ 묵상

열두 해를 혈루증으로 앓던 여인. 사람들은 부정 탄다고 가까이 오지 말라고 했을 것입니다. 돈도 다 써버리고, 남편도 자식도 다 떠나버렸을 것입니다. 더 이상 희망이 없었습니다. 그런데 그녀에게도 죽으란 법은 없었습니다. 죽은 자도 살리셨다는 예수님 옷 가에 손을 댄 것입니다. 딸아, 네 믿음이 너를 구원하였다. 저는 여기서 예수님의 말씀이 너무나 와 닿습니다. 12년째 혈루증 여인. 그녀는 다 포기했어도 오직 한 가지 포기하지 않은 것이 있었습니다. 그것은 세상사람 다 못 고쳐도 반드시 내 병을 고쳐주실 분이 나타날 것이다. 12년째 지속된 그 절실한 믿음, 그 절실한 몰입. 주님께서는 그 절실함을 보시고 기꺼이 치유의 능력을 베푸신 것입니다. 여러분에게도 지금 이런 절실함이 있습니까?

좋은 하루 만들기

"이에 열두 해를 혈루증으로 앓는 중에 아무에게도 고침을 받지 못하던 여자가 예수의 뒤로 와서 그의 옷 가에 손을 대니 혈루증이 즉시 그쳤더라 예수께서 이르시되 내게 손을 댄 자가 누구냐 하시니 다 아니라 할 때에 베드로가 이르되 주여 무리가 밀려들어 미나이다 예수께서 이르시되 내게 손을 댄 자가 있도다 이는 내게서 능력이 나간 줄 앎이로다 하신대 여자가 스스로 숨기지 못할 줄 알고 떨며 나아와 엎드리어 그 손 댄 이유와 곧 나은 것을 모든 사람 앞에서 말하니 예수께서 이르시되 딸아 네 믿음이 너를 구원하였으니 평안히 가라 하시더라"

〈눅 8:43-48〉

그래서 감사 · 그래도 감사 · 무조건 감사

14 상처 주려고 태어난 사람은 아무도 없다!

■ 묵상

저는 군목으로 섬기면서 힘들어하는 장병들을 많이 만났습니다. 그리고 발견했습니다. 그들을 괴롭히는 공통적인 문제가 있다는 것. 바로 용서하지 못하는 관계들이었습니다. 용서하지 못하는 아버지와 아들. 용서하지 못하는 선임과 후임. 그것이 그들의 행복을 발목 잡고 있었습니다. 그래서 개발한 프로그램이 일명 용서의 강. 마음 한 켠, 용서하고 싶은 그 한 사람, 그 이름이 적힌 카드를 불에 태우게 했습니다. "나는 용서했습니다!" 과거완료형으로 크게 선언하게 했습니다. 과거완료형으로 크게 선언하는 것은, 네 믿음대로 될지어다 말씀하신 주님의 말씀처럼, 우리가 선언한 대로 되기 때문입니다. 말이 씨가 되기 때문입니다. 참 진지했습니다. 저렇게도 용서를 하고 싶었구나. 그 병사들의 눈망울을 보며 깨달은 게 있습니다. 일부러 상처 주려고 태어난 사람은 세상에 아무도 없다!

좋은 하루 만들기

"데마는 이 세상을 사랑하여 나를 버리고 데살로니가로 갔고
그레스게는 갈라디아로, 디도는 달마디아로 갔고
누가만 나와 함께 있느니라
네가 올 때에 마가를 데리고 오라 그가 나의 일에 유익하니라"
〈딤후 4:10-11〉

감감감
감사일기

그래서 감사 · 그래도 감사 · 무조건 감사

내가 살기 위해서라도
용서해야 한다!

■ 묵상

창세기 45장에서, 요셉이 음식을 구하러 온 형들을 만나 이렇게 말합니다. 내가 여기까지 팔려 온 것은 형들 잘못이 아니라, 하나님이 이 기근에 조국을 살리라고 나를 먼저 보내신 것이라고. 나 형님들 다 용서했습니다. 복수하지 않을 테니 걱정 마십시오. 그리고 엉엉 운 거에요. 어떻게 요셉이 이런 마음을 먹게 되었을까요? 정말 자신을 노예로 팔아버린 형들이 한순간도 밉지 않았을까요? 아니었을 거에요. 때로는 너무나 속상하고 너무나 외롭고 너무나 미웠을 거에요. 그러나 요셉은 알았습니다. 그래보았자 나만 손해라는 것. 미워하면 나만 괴롭다는 것. 화를 내면 내 기도줄만 막힌다는 것. 복수심에 사로잡히면 내 영성만 흔들린다는 것. 그래서 혀를 깨물며 다짐하고 또 다짐했던 것입니다. 내가 살기 위해서라도 용서해야겠다. 이처럼 파랑새는 내 안에 있습니다. 행복의 열쇠도 내 안에 있습니다.

좋은 하루 만들기

"당신들이 나를 이 곳에 팔았다고 해서
근심하지 마소서 한탄하지 마소서
하나님이 생명을 구원하시려고
나를 당신들보다 먼저 보내셨나이다"
〈창 45:5〉

감감감
감사일기

그래서 감사 · 그래도 감사 · 무조건 감사

엄마아빠는 추석이 오기만 기다렸어!

■ 묵상

추석, 떨어져 있던 자녀들이 왔어요. 온가족이 장태산에 올랐습니다. 그런데 다 내려오니까 첫째가 막 화를 내는 거에요. 자기는 고소공포증이 있는데 왜 아빠는 들은 척도 않고 올라가 버리냐구. 저는 전혀 몰랐습니다. 그런데 화를 내는 첫째를 보고 나도 화가 나더라구요. 그게 그렇게 화낼 일이냐. 급기야 둘째가 중재에 나섰습니다. 한참을 나도 속상해 있는데, 첫째가 둘째랑 와서 그러는 거에요. "화를 내서 미안해요. 고소공포증이 있다는 데도 아빠가 그냥 올라가 버리니까 너무 속상했어요." "나는 네가 고소공포증이 있다는 것을 전혀 몰랐다. 생각해 보니, 정말 미안하다." "근데 아빠, 정말 궁금해요. 무슨 생각으로 고소공포증이 있다는데도 그렇게 혼자 막 올라가신 거에요?" "아빠엄마는 추석이 오기만 기다렸어. 너희들과 장태산 오를 걸 생각하며. 그것뿐이야." 그리곤 서로 포옹을 하고 내려왔어요. 그날의 용서! 미처 몰랐어요. 그 단어가 그렇게 따뜻하다는 걸.

좋은 하루 만들기

"너희가 각각 마음으로부터
형제를 용서하지 아니하면
나의 하늘 아버지께서도
너희에게 이와 같이 하시리라"
〈마 18:35〉

감감감
감사일기

그래서 감사 · 그래도 감사 · 무조건 감사

분노는 암을 가져온다!

■ **묵상**

영어로 이런 표현이 있습니다. "Anger brings cancer." 분노는 암을 가져온다는 뜻입니다. 용서는 누구보다도 나 자신을 위한 일입니다. 그 사람을 미워하다보면 내가 미칠 것 같습니다. 가슴이 답답하고 심장이 터질 것 같습니다. 잠이 안 오고 소화가 안 됩니다. 어느 순간, 암 덩어리가 되어 있습니다. 나만 죽습니다. 어떤 목사님이 그런 상태였습니다. 교인한테 마음 아픈 소리를 들었습니다. 밤새도록 잠을 못 잤습니다. 새벽에 교회 나가 기도하다가 깨달았습니다. 내게 상처 준 그 사람도 어젯밤 잠을 못 잤을까? 그 사람은 편히 잘 잤을 텐데 나는 이게 뭐야! 그리고 다시는 그까짓 일로 괴로워하며 잠 못 이루지 않겠노라 결심했습니다. 그렇습니다. 분노는 나만 손해입니다. 분명히 아셔야 합니다. 그 사람은 어젯밤 다리 뻗고 잤습니다.

"유순한 대답은 분노를 쉬게 하여도
과격한 말은 노를 격동하느니라"
〈잠 15:1〉

그래서 감사 · 그래도 감사 · 무조건 감사

18 삶의 의미는 가장 절박한 문제다!

■ 묵상

우리는 전례가 없을 정도로 영적인 위기 한복판에 살고 있습니다. 약물남용, 술중독, 이혼, 문란한 성생활, 십대의 자살, 범죄, 폭력 등. 이런 것들은 모두 삶의 무의미함에 뿌리를 두고 있습니다. 철학자 알베르 카뮈는 말합니다. 삶의 의미는 가장 절박한 문제라고. 신학자 라인홀드 니버도 말합니다. 삶의 신비는 의미 안에서 이해된다고. 나는 왜 여기에 있는가? 나는 어디로 가는가? 무엇이 삶의 목적인가? 하나님은 계신가? 내가 죽을 때 어떤 일이 벌어질까? 죽은 다음에도 삶이 있을까? 이런 질문들 속에는 하나같이 삶의 의미를 느끼고픈 깊은 갈망이 깃들어 있습니다. 아무런 삶의 의미를 느끼지 못하는 사람들은 대체로 우울증과 절망을 경험합니다. 사실 그것은 죽음과도 같은 것입니다. 수많은 사람들은 어떤 평범한 증상도 없이 공허한 삶을 살고 있습니다. 워커 퍼시의 말처럼, 그것이야말로 타나토스의 시간, 산송장(The living dead)의 시간입니다.

좋은 하루 만들기

"내가 해 아래에서 행하는 모든 일을 보았노라
보라 모두 다 헛되어
바람을 잡으려는 것이로다"
〈전 1:14〉

감감감
감사일기

그래서 감사 · 그래도 감사 · 무조건 감사

19 오늘 죽는다면 지금 이 일을 할 것인가?

■ 묵상

애플의 창시자, 스티브 잡스는 결국 췌장암으로 세상을 떠났습니다. 그런데 그가 죽기 전 마지막으로 행한 스탠포드 대학교 졸업식 축사가 우리의 심금을 울립니다. 그는 거기서 인간의 죽음에 대하여 이렇게 말합니다. 오늘 죽는다면 지금 이 일을 할 것인가? 그는 끊임없이 그 질문을 던졌고, 노우라고 생각되는 것들은 다 지워나갔습니다. 그랬더니 놀랍게도 자신에게 의미 없는 것들은 다 사라지고, 의미로 가득 찬 것만 남았습니다. 의미 없음(meaninglessness)에서 의미 있음(meaningfulness)으로. 그 가장 의미 있는 것에 몰입했던 순간, 그 순간이 그는 인생에서 가장 행복했던 순간이라고 고백하고 있습니다. 그렇다면, 여러분에게 여쭤보고 싶습니다. 지금 여러분에게 지워도 지워도 지워지지 않을, 가장 의미 있는 것은 무엇입니까?

좋은 하루 만들기

"전도자가 이르되
헛되고 헛되며 헛되고 헛되니
모든 것이 헛되도다"
〈전 1:2〉

그래서 감사 · 그래도 감사 · 무조건 감사

20 행복일보

■ 묵상

육군본부교회를 섬길 때, 행복플러스를 진행했는데, 그 가운데 행복일보라는 일간지에 자신의 죽음이 어떻게 대서특필되면 좋겠는지 제3자 기자의 입장에서 써보는 시간이 있었습니다. 행복일보에서 자신의 죽음기사를 보도할 때, 가장 많이 소망하는 말, 그것은 행복이었습니다. 이 사람은 정말 주님의 행복을 누리며 살다 간 사람이다. 이분은 전세계에 주님의 행복을 전하는 일을 하다가 하나님 품에 안긴 사람이다. 이분의 죽음은 세상에서 가장 행복한 죽음이었다. 유언장에서 가장 많이 나오는 말씀도, 역시 행복이었습니다. 자녀들아, 너희들에게 이 엄마가 가장 바라는 건, 돈도 아니다, 명예도 아니다, 오직 주님 안에서 주님을 지키며 행복하게 살아라, 그리고 그 행복을 형제간에 의좋게 나누며 살아라. 그 행복을 이웃에게 전하며 살아라. 그리고 마침내 그날이 오면, 천국에서 우리 다시 만나자. 사랑하는 성도 여러분, 여러분도 이 봄, 주님의 행복을 되찾으십시오. 그리고 그 행복 이웃에게 전합시다. 그것이 인생에서 가장 의미 있는 일 아니겠습니까?

좋은 하루 만들기

"내가 오늘 네 행복을 위하여
네게 명하는 여호와의 명령과 규례를
지킬 것이 아니냐"
〈신 10:13〉

감감감
감사일기

그래서 감사 · 그래도 감사 · 무조건 감사

버킷 리스트

■ 묵상

버킷 리스트라는 말을 들어보셨나요? 이 말은 'kick the bucket'이라는 말에서 유래했습니다. 자살하는 사람들이 버킷, 흔한 말로 바께스 위에 올라가 나뭇가지에 목을 매달고 죽기 직전에 하는 일. 그 마지막 일이 뭐지요? 맞아요. 그 바께스를 죽기 직전 발로 툭 차 버리는 거지요. 그런 의미에서, 버킷 리스트는 죽기 직전에 하는 일, 곧 우리 인생이 죽기 전 꼭 해보고 싶은 일을 의미하게 되었습니다. 그렇다면 이 시간 여러분에게 여쭙고 싶습니다. 여러분의 버킷 리스트, 죽기 전 꼭 해보고 싶은 일은 무엇입니까? 행복의 비밀코드는 소소한 성취감입니다. 인생의 목적, 인생의 목표, 인생의 꿈이 분명하면 분명할수록 성취감은 건강해질 것이고, 100배 60배 30배 그 성취감은 늘어갈 것입니다. 예수님의 인생 목적이 한 마디로 하나님의 나라이었듯이, 저는 저의 인생 목적이 행복플러스입니다. 대전 대전 내 영혼의 행복플러스입니다.

좋은 하루 만들기

"예수께서 신 포도주를 받으신 후에
이르시되 다 이루었다 하시고 머리를 숙이니
영혼이 떠나가시니라"
〈요 19:30〉

감감감
감사일기

그래서 감사 · 그래도 감사 · 무조건 감사

22

블루오션

■ 묵상

블루오션이란 아직은 존재하지 않거나 아직은 잘 알려지지 않아서 별로 경쟁자가 없기에 아주 유망한 분야를 말합니다. 또는 무조건 경쟁만 하는 것에서 벗어나 고객에게 자신만의 아주 차별화된 상품과 서비스를 만들어 내는 것을 말합니다. 그 반대는 레드오션이지요. 너무 경쟁자가 많이 뛰어들어서 서로 아웅다웅 싸우다 다 죽는 거지요. 시골에서 어렸을 때 보면, 어머니가 항상 하시는 말씀이 있어요. 왜 마을 사람들은 뭐가 좀 좋다하면 다 그 작물만 심어서, 결국은 다함께 죽는지 모르겠다. 그런 게 레드오션이지요. 사랑하는 여러분, 지금 여러분은 레드오션에 빠져 있습니까? 아니면 블루오션을 개척하고 계십니까? 남들이 다 하는 것, 거기에 나까지 뛰어들어 서로가 다 죽는, 그런 무모한 경쟁이 아닌, 나만의 블루오션, 그것이 바로 행복의 비밀코드입니다.

좋은 하루 만들기

"여호수아가 그들에게 이르되
네가 큰 민족이 되므로 에브라임 산지가 네게 너무 좁을진대
브리스 족속과 르바임 족속의 땅 삼림에 올라가서
스스로 개척하라 하니라"
〈수 17:15〉

감감감
감사일기

그래서 감사 · 그래도 감사 · 무조건 감사

23

사막을 건너는 사람들

■ 묵상

국토의 70%가 산이라서 그런지, 우리는 문화적으로 태생적으로 산꼭대기를 보면서 자라납니다. 그래서 그런지 인생도 산 정상을 향하여 오르고 또 오르는 데 의미를 둡니다. 좀더 좀더 좀더! 그래서 산 정상에 도달했을 때 그 기분은 이루 헤아릴 수가 없습니다. 그러나 인생이 어디 그런가요. 산이 그렇듯 우리 인생도 언제나 정상에 머무를 수는 없습니다. 이내 내려와야 합니다. 그래서 스티브 도나휴는 <사막을 건너는 여섯 가지 방법>에서, 인생이란 산이 아니라 사하라 사막을 건너는 것과 같다고 말합니다. 끝은 보이질 않고, 길을 잃기도 하며, 오도 가도 못하는 신세가 되었다가, 신기루를 좇기도 합니다. 언제 저 끝에 다다를지 알 수가 없습니다. 목표를 볼 수가 없고, 목적지에 다다랐는지 여부도 알 길이 없습니다. 이 인생 사막에서 여러분 지금 길을 놓쳐버리진 않으셨습니까? 주님께서 말씀하십니다. 내가 바로 그 길이다.

좋은 하루 만들기

"예수께서 이르시되
내가 곧 길이요 진리요 생명이니
나로 말미암지 않고는
아버지께로 올 자가 없느니라"
〈요 14:6〉

감감감
감사일기

그래서 감사 · 그래도 감사 · 무조건 감사

24

토끼와 거북이

■ **묵상**

토끼가 거북이에게 달리기시합에서 진 뒤, 피나는 연습을 하고 다시 도전을 신청했습니다. 그리고 다시 경주를 벌인 결과, 또 다시 거북이의 승리로 끝나버렸습니다. 낙심한 토끼, 고개를 푹 숙이고 집에 가고 있는데, 달팽이가 나타났습니다. "너 또 졌다매?" 열 받은 토끼가 달팽이를 사정없이 한 대 쳤습니다. 달팽이는 저 멀리 산기슭까지 날아갔습니다. 1년 뒤, 토끼가 집에서 쉬고 있는데, 누군가가 문을 두드렸습니다. 문을 열어보니, 자신이 1년 전에 한 대 때린 달팽이가 서 있는 것이었습니다. 문밖에서 달팽이가 토끼한테 뭐라고 했는지 아십니까? "니가 지금 나 쳤냐?" 한낱 미물인 달팽이도 이렇게 1년을 깡으로 걸어와 토끼와 맞장 뜹니다. 맞서 싸웁니다. 우리는 달팽이보다는 더 나은 조건 아닙니까? 그러니 마귀와 맞서 싸우면 반드시 이길 수 있습니다. 주 예수의 이름으로 명하노니, 나를 낙심케 하는 마귀야 물러가라!

좋은 하루 만들기

"그런즉 너희는 하나님께 복종할지어다
마귀를 대적하라
그리하면 너희를 피하리라"
〈약 4:7〉

감감감
감사일기

그래서 감사 · 그래도 감사 · 무조건 감사

절반쯤 왔을 때

■ 묵상

우리 인생에서 낙심이 언제 가장 많이 찾아올까요? 느헤미야 4:6에 보면, 이런 말씀이 있습니다. "이에 우리가 성을 건축하여 전부가 연결되고 높이가 절반에 이르렀으니 이는 백성이 마음 들여 일을 하였음이니라." 절반에 이르렀을 때 낙심이 찾아옵니다. 누구나 처음에는 열심히 합니다. 처음에는 재미있고 신선하기 때문입니다. 그러나 절반에 이르렀을 때, 그 신선함은 사라지고, 일은 지겨워집니다. 삶은 일상에 빠지고, 진부해지고, 나중에는 다람쥐 쳇바퀴 돌듯 형식적인 습관이 되고 맙니다. 그래서 주님께서 갈라디아서 6:9에 이렇게 말씀하십니다. "우리가 선을 행하되 낙심하지 말찌니 피곤하지 아니하면 때가 이르매 거두리라." 선을 행하다가 중간에, 절반쯤 왔을 때, 낙심하지 말아라. 왜 그렇게 말씀하시는 것일까요? 맞습니다. 우리 인생이 아직 끝난 것이 아니기 때문입니다. 이 고비만 넘으면 됩니다.

좋은 하루 만들기

"이에 우리가 성을 건축하여
전부가 연결되고 높이가 절반에 이르렀으니
이는 백성이 마음 들여 일을 하였음이니라"
〈느 4:6〉

그래서 감사 · 그래도 감사 · 무조건 감사

이제 겨우 전반전!

■ 묵상

1929년 새해 첫날, 조지아공대와 캘리포니아대학이 로즈 보울에서 미식축구를 하고 있었습니다. 그런데 캘리포니아대학의 로이 리젤스 선수가 헛잡았던 공을 다시 잡는가 싶더니, 막 자기 진영 쪽으로 달리기 시작했습니다. 긴장한 나머지, 방향감각을 잃어버린 거지요. 이 일로 캘리포니아대학은 경기의 흐름을 놓쳐 버린 채, 고전에 고전, 이제 한 점만 더 내줘도 지게 될 판이었습니다. 휙! 전반전이 끝났습니다. 선수들은 탈의실로 들어갔습니다. 리젤스는 얼굴을 두 손에 묻은 채 어린아이처럼 울고 있었습니다. 후반전 시작 3분 전. 프라이스 코치는 말했습니다. "모두들 전반전 멤버 그대로 뛴다. 나가자!" 그러나 리젤스는 꼼짝도 하지 않았습니다. "코치님, 전 죽어도 못 나가겠어요." 코치가 리젤스의 어깨에 손을 대고 말했습니다. "리젤스, 이제 겨우 전반전이야!" 여러분, 그 후반전, 리젤스 선수의 활약상은 이제 전설이 되었습니다. 그렇습니다. 우리 인생, 이제 겨우 전반전 끝난 것입니다!

> **좋은 하루 만들기**

"우리가 선을 행하되 낙심하지 말지니
포기하지 아니하면
때가 이르매 거두리라"
〈갈 6:9〉

그래서 감사 · 그래도 감사 · 무조건 감사

낙심

■ 묵상

한자어로 낙심(落心)은 떨어질 낙(落) 자에 마음 심(心) 자입니다. 저 낭떠러지로 떨어지는 것 같은 마음. 영어로 낙심은 loss of heart, 마음의 상실입니다. 무언가 행복한 마음을 잃어버린 상태, 그것이 낙심입니다. 산 너머 산, 해도 해도 끝이 없는 일, 그 때 우리는 낙심합니다. 또 영어로 번아웃(burn-out)되었다고 하지요. 탈진이 될 때, 그때 우리는 낙심하게 됩니다. 또 사람들의 방해공작, 비난, 비방, 조롱, 위협, 그리고 그 너머의 두려움, 그때 우리는 눈앞이 노래지며 낙심하게 됩니다. 지금 낙심이 찾아왔습니까? 마냥 주저앉아 계시겠습니까? 목표가 잘못되지는 않았는지, 접근방법이 잘못되지는 않았는지, 내 인생의 책상 위에 놓여있는 그 잡동사니들을 깨끗이 치우십시오. 그리고 한 가지 순전한 목표에 몰입하십시오. 그 목표가 나를 향하신 하나님의 뜻과 일치하도록 삶을 재편성하십시오.

좋은 하루 만들기

"형제들아 너희는 선을 행하다가
낙심하지 말라"
〈살후 3:13〉

그래서 감사 · 그래도 감사 · 무조건 감사

아빠는 무엇으로 사는가!

■ **묵상**

한 아빠가 회사에서 실직을 당하고 크게 낙심이 되었습니다. 그러나 가족들이 걱정할까봐 아내가 싸준 도시락을 들고 공원벤치에서 배회하다 집으로 들어가곤 했습니다. 몇 주 후 아내가 회사에 전화를 걸었다가 모든 사실을 알게 됩니다. 아내는 자녀들에게 이야기하고 남편을 레스토랑으로 초대합니다. 그리고 낙심하고 있는 남편 앞에서 저마다 써온 편지를 꺼냅니다. 먼저 딸, "난 아빠가 저녁에 '우리 공주 오늘도 잘 있었어?' 하실 때 그때 너무 행복했어요." 그 다음 아들, "난 아빠가 저녁마다 내 머리에 손 얹고 기도해 주실 때 그때 너무 행복했어요." 그리고 아내, "주일아침 당신이 내 손 잡고 교회 가면서, '이게 일주일의 유일한 낙이야!'라고 말할 때 그때 너무 행복했어요." 그 말을 듣는 순간, 남편이 뛰쳐나갑니다. 그리고 화장실 변기통에 얼굴을 파묻고 울부짖습니다. "하나님, 이런 아내와 자식들이 있는데 몹쓸 생각을 할 뻔했습니다. 내 포장마차를 해서라도 반드시 다시 일어서겠습니다."

좋은 하루 만들기

"그러므로 너희에게 구하노니
너희를 위한 나의 여러 환난에 대하여 낙심하지 말라
이는 너희의 영광이니라"
〈엡 3:13〉

감감감
감사일기

그래서 감사 · 그래도 감사 · 무조건 감사

29

당신이 이 교회 담임목사잖아요!

■ 묵상

어떤 아빠가 교회에 크게 실망을 했습니다. 낙심이 되었습니다. 예배도 싫고 찬송도 싫고 설교도 싫어졌습니다. 급기야 어느 주일아침, 이 아빠가 교회를 안 가려 하는 것입니다. 아내도, 자녀들도, 그런 아빠의 모습에 덩달아 낙심이 되었습니다. 낙심이 전염된 거지요. 그때 참다 참다 아내가 한 마디 했는데, 뭐라고 했는지 아십니까? "여보, 당신이 이 교회를 안 가면 누가 가요? 당신이 이 교회 담임목사잖아요!" 목사의 가정도 낙심하면 지옥으로 변합니다. 마귀가 입 벌리며 달려들기 때문입니다. 그래서 그런 이야기가 있지요? 마귀가 벼룩시장에 물건을 다 내놓고 파는데 한 가지 물건만은 내가 계속 써야 하니 절대 안 판다고 붙여놓았습니다. 무엇이었을까요? 바로 낙심이었습니다. 마귀도 알고 있었던 거지요. 아무리 신앙 좋은 크리스천도 낙심으로 살짝 건들기만 하면 풀썩 주저앉고 만다는 것을. 우리, 마귀에게 져서야 되겠습니까?

좋은 하루 만들기

"내 영혼아 네가 어찌하여 낙심하며
어찌하여 내 속에서 불안해 하는가
너는 하나님께 소망을 두라
그가 나타나 도우심으로 말미암아 내가 여전히 찬송하리로다"
〈시 42:5〉

감감감
감사일기

그래서 감사 · 그래도 감사 · 무조건 감사

30

나침반도 때론 흔들린다.

■ 묵상

바다를 항해하는 배들은 해도라는 바다지도를 보고 갑니다. 그런데 비바람이 몰아치고 거센 파도가 치면 그것도 아무 소용이 없습니다. 그때는 무조건 나침반입니다. 그런데 배가 거센 풍랑에 막 흔들리면 나침반도 덩달아 막 흔들립니다. 그런데 전혀 걱정할 게 없습니다. 나침반이 막 흔들리는 것은 북극을 맞추기 위해서고, 북극을 다시 잡으면 나침반은 언제 그랬냐는 듯이, 이내 자리를 잡고 평온해집니다. 그러고 보니 저도 어렸을 때 나침반 가지고 놀때, 막 흔들리다가 이내 자리 잡고 평온해지는 것을 볼 수 있었습니다. 아, 이것도 인생이구나! 흔들리는 우리 인생! 그때는 나침반도 흔들리거니와, 그 흔들림은 저 북극, 저 멀리 나의 시온성, 천국을 향하여, 본향을 향하여, 다시 방향을 바로 잡아주시려는 주님의 개입하심이구나! 저 강력한 흔들림은 나의 흔들림이 아니라 아, 북극을 다시 잡아주시려는 주님의 강력한 몸부림이시구나! 아, 흔들리는 게 이렇게 축복일 수도 있구나!

좋은 하루 만들기

"혹시 구름이 성막 위에 머무는 날이 적을 때에도
그들이 다만 여호와의 명령을 따라 진영에 머물고
여호와의 명령을 따라 행진하였으며
혹시 구름이 저녁부터 아침까지 있다가
아침에 그 구름이 떠오를 때에는 그들이 행진하였고
구름이 밤낮 있다가 떠오르면 곧 행진하였으며"
〈민 9:20-21〉

그래서 감사 · 그래도 감사 · 무조건 감사

주님,
아침에 주의 인자하심이 저를 만족하게 하사
저를 일생 동안 즐겁고 기쁘게 하옵소서.
저의 하루가 주님 한 분만으로
만족하고 기쁠 수 있게 하옵소서.
소유의 많고 적음을
행복의 기준으로 삼지 않게 하옵소서.
타인과 비교하여
행복과 불행을 가늠하지 않게 하옵소서.
주어진 순간에 감사하는 제가 되게 하옵소서.
주님을 사모함으로 제 영혼이 만족케 되어,
입에는 콧노래가 끊이지 않게하시고,
발걸음이 가볍게 하시며,
어떤 위기가 닥쳐오더라도
감사함으로 잘 해결하게 하옵소서.
불만과 투덜거림과 부정적인 마음은
저에게 부끄러운 일이 되게 하옵소서.
오늘 해야 할일,
함께 머무는 공간에서
주어진것에 만족하여
풍부에 처하나 빈궁에 처하나
자족할 수 있는 마음을 주옵소서.
자족하는 마음은 또한 경건에도 도움이 된다 하였사오니,
이러한 믿음으로 경건한 삶을 살아
하나님께 영광 돌리게 하옵소서.
예수님의 이름으로 기도드립니다. 아멘.

하나님,

분주한 일들 가운데서도

저의 영혼을 보호해 주옵소서!

하나님의 음성에 민감하여

일의 즐거움을 경험하게 하옵소서!

예수 그리스도의 섬김과 희생을 닮게 하옵소서!

그리하여 제 삶의 모습이

다른 이들에게도 모델이 되어

평화의 도구가 되게 하옵소서!

우선순위를 분별하게 하옵소서!

한정된 시간과 많은 일들 가운데

하나님께서 맡기신 시간을

효율적으로 사용하게 하옵소서!

구별된 삶을 살게 하옵소서!

세속적인 가치관과 문화 속에서도

다니엘과 같이 하나님의 뜻대로 살아가는

지혜와 용기를 주옵소서!

스트레스와 분노와 갈등으로 지쳐 있는

저에게 새 힘을 주옵소서!

일의 성과를 거둘 수 있는

지혜와 능력을 더하여 주옵소서!

예수님의 이름으로 기도드립니다. 아멘.

주님,

하루가 저물어

잠자리에 들 시간이 되었습니다.

편안히 잠들기 위해

이 고요한 시간에 주님을 찾습니다.

오늘 밤,

잠드는 것을 방해하는 걱정거리와

편치 못하게 하는 것들이 있습니다.

이 시간,

주님께 마음을 여오니,

부디 용서하여 주옵소서.

작은 일로 상처를 주거나

서운한 마음을 품은 일이 있습니다.

조금만 참았으면 될 일이 있었고,

조금만 더 지혜롭게 했으면

좋았을 일이 있었습니다.

그러나 주님께서 모든 것을

너그러이 용서해 주실 것을 믿으며,

오늘과는 다른 성실한 내일을 다짐 드리오니,

주님, 편히 잠들어 새 힘을 얻도록

이 밤도 고이 지켜주옵소서.

예수님의 이름으로 기도드립니다. 아멘.

행복플러스+

초판발행 2020. 5. 30.
지은이 신현복
발행처 아침영성지도연구원
등록일 2014년 3월 25일
총　판 선교횃불
전　화 (02) 2203-2739
팩　스 (02) 2203-2738
홈페이지 www.ccm2u.com
